Madlin Oberstedt

Mädchen beschneiden? Eine Diskussion zwischen Glaube und Recht

GRIN Verlag

Bibliografische Information der Deutschen Nationalbibliothek:

Die Deutsche Bibliothek verzeichnet diese Publikation in der Deutschen National-bibliografie; detaillierte bibliografische Daten sind im Internet über http://dnb.d-nb.de/ abrufbar.

Impressum:

Copyright © 2013 GRIN Verlag GmbH
Druck und Bindung: Books on Demand GmbH, Norderstedt Germany
ISBN: 978-3-656-41346-2

Dieses Buch bei GRIN:

http://www.grin.com/de/e-book/212798/maedchen-beschneiden-eine-diskussion-zwischen-glaube-und-recht

GRIN - Your knowledge has value

Der GRIN Verlag publiziert seit 1998 wissenschaftliche Arbeiten von Studenten, Hochschullehrern und anderen Akademikern als eBook und gedrucktes Buch. Die Verlagswebsite www.grin.com ist die ideale Plattform zur Veröffentlichung von Hausarbeiten, Abschlussarbeiten, wissenschaftlichen Aufsätzen, Dissertationen und Fachbüchern.

Besuchen Sie uns im Internet:

http://www.grin.com/

http://www.facebook.com/grincom

http://www.twitter.com/grin_com

Modul 1
Modulprüfung
SS 2013

Mädchen beschneiden?

Eine Diskussion zwischen Glaube und Recht

Thesenpapier

„Mensch, Gesellschaft und Kindheit verstehen"

Abgabetermin: 01. März 2013

Madlin Oberstedt

1. Problembestimmung

Die genaue Herkunft der Tradition der Beschneidung ist nicht bekannt, allerdings sind Hinweise vorhanden, welche auf das Alte Ägypten hindeuten. Es wurden unter anderem weibliche Mumien gefunden, die Beschneidungsmerkmale aufweisen. Auch auf einem Papyrus aus dem Jahr 163 v. Chr. wird die Beschneidung von Mädchen erwähnt. [1] Die Gründe für die Genitalverstümmelung liegen in den Vorstellungen und Lebensweisen einer archaischen Welt. [2]

Desweiteren ist diese von keiner Religion vorgeschrieben, aber wird dennoch von Christen, Moslems und Anhängern anderer Glaubensrichtungen praktiziert. [3] Die genitale Verstümmelung gilt allerdings als besonders schwerwiegend, da es ein körperlicher, schmerzhafter und lebensbedrohlicher Eingriff ist. [4]

Aus diesen Gründen ist die Beschneidung von Mädchen in Deutschland strafbar. [5] In Ägypten ist die weibliche Beschneidung seit 2008 gesetzlich verboten. Allerdings wird von den Salafisten sowie den Muslimen aktuell eine Legalisierung gefordert. [6] Der ägyptische Gynäkologe Mohamed Kandeel fordert aktuell nach der kürzlichen Legalisierung der Beschneidung von Jungen in Deutschland nun die weltweite Legalisierung der weiblichen Beschneidung. [7] Doch kann die Beschneidung in Rücksichtnahme auf die Religionsfreiheit weltweit legalisiert werden, wo sie doch eine Körperverletzung darstellt? Ist hier auf das Recht auf körperlicher Unversehrtheit zu achten oder doch auf den Glauben? Wie sieht die Rechtslage in Deutschland aus?

---

1 http://www.strassenkinderreport.de/index.php?goto=388&user_name= [Zugriff: 20.02.2013, 23:38Uhr]

2 Hermann, Conny; Das Recht auf Weiblichkeit. Hoffnung im Kampf gegen Genitalverstümmelung (vgl. S. 16-17)

3 http://www.unicef.de/presse/pm/2009/090205-internationaler-tag-gegen-maedchenbeschneidung/ [Zugriff: 23.02.2013]

4 Hermann, Conny. Das Recht auf Weiblichkeit. Hoffnung im Kampf gegen Genitalverstümmelung (vgl. S. 19)

5 http://www.bmj.de/SharedDocs/Kurzmeldungen/DE/2013/20130205_Beschneidungsgesetz_aus_dem_ Bundesjustizministerium_legalisiert_nicht_Verstuemmelung_von_Maedchen.html [Zugriff: 16.02.2013, 13:20Uhr]

6 http://www.spiegel.de/politik/ausland/aegypten-frauenbewegung-geraet-durch-macht-der-islamisten-in-defensive-a-874145.html [Zugriff: 20.02.2013, 22:34Uhr]

7 http://www.humanist-news.com/professor-fordert-legalisierung-von-genitalverstummelung-fur-madchen/ [Zugriff: 23.02.2013, 23:48Uhr]

2. Situationsanalyse

Die Genitalverstümmelung wird zu keinem festen Zeitpunkt vorgenommen. Oft wird die Beschneidung schon im Säuglingsalter durchgeführt, meist aber im Laufe der Kindheit zwischen vier und zehn Jahren. Auch die Beschneidung vor der Heirat oder während der ersten Schwangerschaft ist möglich.[8]

Für eine Beschneidung von Mädchen gibt es viele verschiedene Gründe. Beispielsweise die Ansicht, nach der Mädchen, sowie auch Jungen, erst nach der Beschneidung als erwachsen und vollwertig gelten. Auch gibt es Gründe, die eher aus dem Glauben resultieren. Beispielsweise, dass die Klitoris als männlicher Bestandteil angesehen wird und dass bei Männern die weibliche Seele in der Vorhaut des Penises sitzen soll. Daher dient die Beschneidung als eindeutige Festlegung des Geschlechts.[9]

Die Hilfsorganisation Unicef vermutet, dass bis heute 130 Millionen Mädchen und Frauen beschnitten wurden. Terre des Femmes vermutet, dass alle elf Sekunden ein Mädchen verstümmelt wird. Allein in Deutschland leben geschätzt 20.000 Mädchen, die beschnitten wurden. Die Beschneidung ist in mindestens 26 Ländern Afrikas und im Jemen alltäglich.[10] Während der Beschneidung bleiben die Mädchen unbetäubt. Meistens sind diese unter 15 Jahre alt.[11] Ausgeführt wird die Beschneidung traditionell von Hebammen, Heilerinnen oder Beschneiderinnen.[12]

Wie es viele verschiedene Gründe gibt, aus denen beschnitten wird, gibt es auch verschiedene Arten der Beschneidung.

Bei der im Vergleich harmlosesten Beschneidungsart wird lediglich die Vorhaut der Klitoris entfernt. Diese Methode nennt sich "milde Sunna". Wobei Sunna aus dem Arabischen stammt und Tradition bedeutet.

Eine weitere Methode nennt sich "modifizierte Sunna". Hier handelt es sich um die teilweise oder komplette Entfernung der Klitoris.

Die dritte Art wird Clitoridektomie genannt. Hierbei wird ebenfalls ein Teil oder die ganze Klitoris entfernt. Zusätzlich ein Teil oder die gesamten inneren Schamlippen.

---

8   http://www.strassenkinderreport.de/index.php?goto=388&user_name= [Zugriff: 21.02.2013; 01:18Uhr]

9   Hermann, Conny. Das Recht auf Weiblichkeit. Hoffnung im Kampf gegen Genitalverstümmelung (vgl. S. 18f)

10   http://www.unicef.de/presse/pm/2009/090205-internationaler-tag-gegen-maedchenbeschneidung/ [Zugriff: 23.02.2013, 19:13Uhr]

11   http://www.frauenzimmer.de/cms/stars-news/beschneidung-bei-maedchen-gesetz-gegen-genitalverstuemmelung-972c-9f8b-99-231018.html [Zugriff: 16.02.2013, 12:39Uhr]

12   http://de.wikipedia.org/wiki/Weibliche_Genitalverstümmelung#Medizin.2C_Geschichte_und_Ethik_der_Medizin [Zugriff: 23.02.2013, 19:20Uhr]

Bei diesem Verfahren ist zu beachten, dass häufig ein Narbengewebe entsteht, welches die vaginale Öffnung bedeckt.

Die wohl drastischte Art der Beschneidung heißt Infibulation oder auch pharaonische Beschneidung. Hierbei werden die Klitoris, die inneren Schamlippen und die inneren Schichten der äußeren Schamlippen komplett entfernt. Die äußeren Schamlippen, welche nicht entfernt werden, werden zusammengenäht oder mit Dornen aneinander befestigt. Da die restliche Haut zusammenwächst, wird ein Rohr in die Wunde hineingesteckt, um Urin und Blut ablaufen lassen zu können. [13]

3. Handlungsoptionen

Zunächst sollen die positiven Argumente für eine Beschneidung erläutert werden. Die verschiedenen Kulturen sehen die Beschneidung unter anderem als Identitätsschaffung an.[14]

Sie soll der Frau über die Tradition der Beschneidung bewusst machen, welchem Glauben sie angehört.

Befürworter der Beschneidung argumentieren auch damit, dass nicht beschnittene Mädchen riskieren, sozial ausgegrenzt zu werden, da eine Beschneidung von der Gesellschaft gefordert wird. Somit passen sich Frauen der Gesellschaft an, um akzeptiert zu werden.

Durch das Verschließen der vaginalen Öffnung, durch die Infibulation, gilt diese als Schutz vor Vergewaltigung. [15]

Dennoch muss auch die negative Seite betrachtet werden.

Bei der Beschneidung herrscht eine Komplikationsrate von ca. zwei Prozent.[16]

Sie ist ein Eingriff mit vielen und schwerwiegenden Folgen, wie unter Punkt vier, Absatz sechs und sieben ausführlich erklärt wird. Auch ist es ein Eingriff in die persönlichen Rechte, wenn die Beschneidung ohne das ausdrückliche Einverständnis des Kindes durchgeführt wird. (Punkt 4, Absatz 1).

---

13 http://www.dadalos-d.org/deutsch/menschenrechte/grundkurs_mr3/frauenrechte/warum/beschneidung.htm [Zugriff: 20.02.2013, 22:45Uhr]

14 http://aktuell.evangelisch.de/artikel/5321/pro-contra-beschneidung-aus-israelischer-sicht [Zugriff: 12.02.2013, 12:03Uhr]

15 http://de.wikipedia.org/wiki/Weibliche_Genitalverstümmelung#Soziale_und_wirtschaftliche_Gr.C3.BCnde [Zugriff: 16.02.2013, 13:29Uhr]

16 http://www.aerzteblatt.de/archiv/128360/Pro-Kontra-Religioese-Beschneidungen [Zugriff: 12.02.2013, 11:59]

Die verschiedenen Beteiligten, wie auch Unbeteiligten könnten etwas gegen das genitale Verstümmeln von Frauen bewirken. Beispielsweise könnten Bürger Politiker unter Druck setzen, Gesetze zu entwerfen und diese festzulegen. [17]

In vielen Ländern gibt es kleine Projekte und lokale Fraueninitiativen, die auf verschiedene Weisen gegen Genitalverstümmelung und ihre Folgen kämpfen. Sie betreiben Aufklärungsarbeit, stellen eine medizinische Versorgung sicher, bauen Mädchenschutzhäuser und sorgen für Bildung und Qualifizierung sowie Schaffung von alternativen Arbeitsplätzen für Hebammen. Um dem Verlust der kulturellen Identität entgegenzuwirken, fördern diese Hilfsorganisation auch die Wichtigkeit anderer kultureller Riten und Feste.[18]

Auch sollte von kirchlicher Seite eine Aufklärung über die Beschneidung betrieben werden. Weiterhin wäre mediale Aufklärung nützlich, um die Haltung gegenüber der Beschneidung langfristig zu ändern. Die sinnvollste Aufklärungsarbeit kann allerdings nur dort betrieben werden, wo die Beschneidung durchgeführt wird. Das heißt, es muss mit den Eltern, den betroffenen Mädchen, den durchführenden Beschneiderinnen, den Dorfältesten, den politischen und religiösen Entscheidungsträgern, den Hebammen und dem medizinischen Personal sowie Jungen und Männern zusammengearbeitet werden. [19]

4. Normative Perspektiven

Bei einer <u>rechtlichen</u> Lösungsfindung stehen sich vor allem drei Grundgesetze gegenüber. Das Recht des Kindes auf körperliche Unversehrtheit (Art. 2.2 GG), das Erziehungsrecht der Eltern (Art. 6.2 GG) und das Recht auf freie Religionsausübung (Art. 4.1 und 4.2 GG). Weiterhin ist auch Artikel 24c der UN-Kinderrechts-Konvention zu beachten,welcher besagt, dass alle überlieferten Bräuche, die für die Gesundheit von Kindern schädlich sind, abzuschaffen sind. [20]

---

17 http://www.frauenzimmer.de/cms/stars-news/waris-dirie-972c-9f8b-21-99757.html [Zugriff: 16.02.2013, 12:59Uhr]

18 http://www.dadalos-d.org/deutsch/menschenrechte/grundkurs_mr3/frauenrechte/warum/beschneidung.htm [Zugriff: 21.02.2013, 00:57Uhr]

19 http://www.ekd.de/EKD-Texte/genitalverstuemmelung_1999_genital4.html [Zugriff: 23.02.2013, 23:02Uhr]

20 http://www.kas.de/wf/doc/kas_31896-544-1-30.pdf?120822161637 (vgl. S. 4), [Zugriff: 20.02.2013, 18:09Uhr]

Die genitale Beschneidung von Mädchen und Frauen ist in Deutschland nach den §§ 223 ff. des Strafgesetzbuches (StGB) verboten. Weiterhin ist im § 223 StGB festgelegt, dass jeder, der eine Beschneidung durchführt, an einer solchen teilnimmt, dazu veranlasst oder mit dem Wissen einer bevorstehenden Beschneidung nicht dagegen handelt, wegen Körperverletzung verurteilt werden kann. Als schwere Körperverletzung gilt eine Beschneidung, wenn schwerwiegende Folgen wie Unfruchtbarkeit auftreten (§ 226 Abs. 2 StGB).

Auch wenn im Artikel 6.2 des Grundgesetzes das Erziehungsrecht der Eltern festgelegt ist, so dürfen diese keine Beschneidung minderjähriger Mädchen vornehmen lassen. Dies würde den Tatbestand der versuchten oder vollendeten Misshandlung Schutzbefohlener (§ 225 StGB) erfüllen.

Die Tat einer Beschneidung kann mit einer Freiheitsstrafe zwischen fünf und 15 Jahren geahndet werden.

Auch wenn die Beschneidung minderjähriger Mädchen, die in Deutschland leben, im Ausland durchgeführt wird, ist dies eine Straftat. Hierfür können die Eltern des Kindes wegen mittäterischer Begehung eines Körperverletzungsdelikts in Deutschland bestraft werden. Hieran ändert auch ein Einverständnis des Mädchens nichts.[21]

Aus medizinischer Sicht ist die Beschneidung der Frau eine fundamentale Menschenrechtsverletzung, da die Verstümmelung die sexuelle Funktion des Geschlechts dauerhaft schädigt.[22]

Da die Schamlippen und die Klitoris mit sehr vielen Nerven durchzogen sind, kommt es bei der Beschneidung zu schwer stillbaren Blutungen, auch Krampfanfälle und der Tod sind möglich. Weiterhin sind auch Folgeschäden wie Inkontinenz oder Infektionen durch unsteriles "Werkzeug" wie beispielsweise eine Blutvergiftung, Wundstarrkrampf, HIV, Kinderlähmung und Hepatitis möglich.[23]

Auch Menstruationsschmerzen, sexuelle Störungen sowie Schwierigkeiten bei Schwangerschaft und Geburt können Folgen einer Beschneidung sein.

Aus psychologischer Sicht ist zu erwähnen, dass die Beschneidung zu Schocks, Traumata, Angstzuständen, Depressionen, chronischer Reizbarkeit, Frigidität und Psychosen führen kann.[24]

---

21 http://www.strassenkinderreport.de/index.php?goto=388&user_name= [Zugriff: 20.02.2013, 23:30Uhr]

22 TERRE DES FEMMES. Schnitt in die Seele. (vgl. S. 65)

23 TERRE DES FEMMES. Schnitt in die Seele. (vgl. S. 67f)

24 http://www.strassenkinderreport.de/index.php?goto=388&user_name= [Zugriff: 20.02.13 , 23:35 Uhr]

Auch ist eine geistige Verwirrtheit durch die Angst vor Schmerzen und das gleichzeitige Fordern der Durchführung der Außenstehenden sowie der drohende Ausschluss aus der Gemeinde zu beobachten.[25]

Ebenfalls können dauerhafte, massive Panikattacken bei Betrachtung von bestimmten Gegenständen entstehen. [26]

Aus ökonomischer Sicht muss berücksichtigt werden, dass die Beschneidung durchgeführt wird um die Heiratschancen und somit auch die Überlebenschancen zu erhöhen. [27]

Aus religiöser Sicht kann die Religionsfreiheit (Art. 4 GG) nur bedingt beachtet werden, welche den freien Glauben und die freie Religionsausübung garantiert. [28] Die evangelische Kirche spricht sich klar gegen die weibliche Beschneidung aus, da sie diese als Menschenrechtsverletzung ansieht. [29] Ebenfalls stellt sich die katholische Kirche gegen die Verstümmlung von Frauen. Desweiteren hat sich im vergangenen Jahr auch der Nationale Islamrat gegen die Beschneidung ausgesprochen, da diese die Gesundheit der Frauen gefährdet. [30]

25 TERRE DES FEMMES. Schnitt in die Seele. (vgl. S. 71)

26 TERRE DES FEMMES. Schnitt in die Seele. (vgl. S. 72)

27 http://www.dadalos-d.org/deutsch/menschenrechte/grundkurs_mr3/frauenrechte/warum/beschneidung.htm [Zugriff: 21.02.2013, 00:55Uhr]

28 http://liberalesinstitut.wordpress.com/2012/09/08/religionsfreiheit-im-grundgesetz/ [Zugriff: 21.02.2013, 04:39Uhr]

29 http://www.ekd.de/EKD-Texte/genitalverstuemmelung_1999_genital4.html [Zugriff: 23.02.2013, 23:14Uhr]

30 http://www.explizit.net/Gesellschaft/Fuehrende-Moslems-gegen-weibliche-Beschneidung [Zugriff: 23.02.2013, 23:21Uhr]

5. Formulierung eines Standpunktes

Da die weibliche Beschneidung von keiner Weltreligion gefordert wird, bin ich der Überzeugung, dass nicht auf die ethischen, sondern auf die Rechtlichen Linien geachtet werden sollte. Allerdings bin ich ebenfalls der Meinung, dass ein Verbot der Verstümmelung vor allem in Ländern, in denen kaum Kontrolle dessen möglich ist, wie beispielsweise Afrika, schwer durchzusetzen ist. Da trotz keinerlei Forderung der Religionen die meisten Menschen aus religiöser Überzeugung handeln, würde ich mich unter Berücksichtigung dieser für eine Warteregelung mit verschiedenen Voraussetzungen aussprechen. Die Warteregelung sollte die Beschneidung nicht schon mit der Religionsmündigkeit, sondern erst mit der Volljährigkeit legalisieren.

Auch würde ich ein Aufklärungsgespräch bei einem Arzt oder einer Hilfsorganisation voraussetzen. Hier sollte über die Durchführung sowie die möglichen Folgen aufgeklärt werden. Auch ein Gespräch bei einem Psychologen, welcher ein Gutachten über die Freiwilligkeit und Psyche erstellt, sollte Pflicht sein. Sollte sich die Frau nach Erfüllung dieser Auflagen für die Beschneidung entscheiden, wäre dies für mich in Ordnung. Allerdings nur wenn die Beschneidung von einem Arzt in einer sterilen Umgebung sowie mit sterilen Utensilien durchgeführt wird.

Literaturverzeichnis:

– Abé, Nicola. (2012, Dezember). Frauenbewegung in Ägypten: "Es wird eine zweite Revolution geben". Verfügbar über: http://www.spiegel.de/politik/ausland/aegypten-frauenbewegung-geraet-durch-macht-der-islamisten-in-defensive-a-874145.html [Zugriff: 20.02.2013, 22:34Uhr].

– Avidan, Igal (2012, Juli). Pro & Contra: Beschneidung aus israelischer Sicht. Verfügbar über: http://aktuell.evangelisch.de/artikel/5321/pro-contra-beschneidung-aus-israelischer-sicht [Zugriff: 12.02.2013, 12:03Uhr].

– Bischof Dr. h.c. Rolf Koppe. (2000, Januar). Genitalverstümmelung von Mädchen und Frauen. Verfügbar über: http://www.ekd.de/EKD-Texte/genitalverstuemmelung_1999_genital4.html [Zugriff: 23.02.2013, 23:14Uhr].

– Bökenkamp, Gérard. (2012, September). Religionsfreiheit im Grundgesetz. Verfügbar über: http://liberalesinstitut.wordpress.com/2012/09/08/religionsfreiheit-im-grundgesetz/ [Zugriff: 21.02.2013, 04:39Uhr].

– Bundesministerium derJustiz. (2013, Februar). Beschneidungsgesetz aus dem Bundesjustizministerium legalisiert nicht Verstümmelung von Mädchen. Verfügbar über: http://www.bmj.de/SharedDocs/Kurzmeldungen/DE/2013/20130205_Beschneidungsgesetz_aus_dem_Bundesjustizministerium_legalisiert_nicht_Verstuemmelung_von_Maedchen.html?nn=3433226 [Zugriff: 16.02.2013, 13:20Uhr].

– Hermann, Conny (2000; erste Auflage). Das Recht auf Weiblichkeit. Hoffnung im Kampf gegen Genitatverstümmelung. Bonn: Verlag J.H.W. Dietz Nachf. GmbH.

– Hippler, Stefan. (2012, Oktober). Führende Moslems gegen weibliche Beschneidung. Verfügbar über: http://www.explizit.net/Gesellschaft/Fuehrende-Moslems-gegen-weibliche-Beschneidung [Zugriff: 23.02.2013, 23:21Uhr].

– Jacobs, Andreas. (2012, August). Argumente der Beschneidungsdebatte. In: Analysen & Argumente. Ausgabe 107. Vgl. S. 4. Verfügbar über: http://www.kas.de/wf/doc/kas_31896-544-1-30.pdf?120822161637 [Zugriff: 20.02.2013, 18:09Uhr].

– Kaya, Cahit. (2012, November). Professor fordert Legalisierung von Genitalverstümmelung für Mädchen. Verfügbar über: http://www.humanist-news.com/professor-fordert-legalisierung-von-genitalverstummelung-fur-madchen/ [Zugriff: 23:02.2013, 23:48Uhr].

– Klinkhammer, Gisela. (2012). Deutsches Ärzteblatt . Pro & Kontra: Religiöse Beschneidungen. Verfügbar über: http://www.aerzteblatt.de/archiv/128360/Pro-Kontra-Religioese-Beschneidungen [Zugriff: 12.02.2013, 11:59].

–   TERRE DES FEMMES (2003; erste Auflage). Schnitt in die Seele. Frankfurt am Main: Mabuse-Verlag GmbH.

–   Wesemann, Dorette. (o.J.). Weibliche Beschneidung (Genitalverstümmelung, FGM). Verfügbar über: http://www.dadalos-d.org/deutsch/menschenrechte/grundkurs_mr3/frauenrechte/warum/beschneidung.htm [Zugriff: 21.02.2013, 00:55Uhr].

–   Weber, Hartwig. (2011, Januar). Genitalbeschneidung bei Mädchen (Female Genital Mutilation, FGM). Verfügbar über: http://www.strassenkinderreport.de/index.php?gruppe=G1&goto=388&user_name= [Zugriff: 20.02.2013, 23:38Uhr].

–   Wuttke, Merle. (o.J.). Beschneidung bei Mädchen: Gesetz gegen Genitalverstümmelung. Verfügbar über: http://www.frauenzimmer.de/cms/stars-news/beschneidung-bei-maedchen-gesetz-gegen-genitalverstuemmelung-972c-9f8b-99-231018.html [Zugriff: 16.02.2013, 12:39Uhr].

–   Zirpins, Mireilla. (o.J.). Waris Dirie. Verfügbar über: http://www.frauenzimmer.de/cms/stars-news/waris-dirie-972c-9f8b-21-99757.html [Zugriff: 16.02.2013, 12:59Uhr].

–   (o.A.). (2009, Februar). Täglich werden mehr als 8.000 Mädchen beschnitten UNICEF: Genitalverstümmelung abschaffen, nicht modernisieren. Verfügbar über: http://www.unicef.de/presse/pm/2009/090205-internationaler-tag-gegen-maedchenbeschneidung/ [Zugriff: 23.02.2013, 19:18Uhr].

–   (o.A.). (o.J). Weibliche Genitalverstümmelung. Verfügbar über: http://de.wikipedia.org/wiki/Weibliche_Genitalverstümmelung#Soziale_und_wirtschaftliche_Gr.C3.BCnde [Zugriff: 16.02.2013, 13:29Uhr].